OU CONDUIT

L'EXPÉDITION

DU MEXIQUE

PARIS

IMPRIMERIE DE L. TINTERLIN ET Ce

RUE NEUVE-DES-BONS-ENFANTS, 3

OU CONDUIT

L'EXPÉDITION

DU MEXIQUE

PAR UN EX-DÉPUTÉ

PARIS

E. DENTU, LIBRAIRE-ÉDITEUR

PALAIS-ROYAL, 17 ET 19, GALERIE D'ORLÉANS

1863

OU CONDUIT

L'EXPÉDITION

DU MEXIQUE

L'expédition du Mexique a eu un but connu et légitime, un but poursuivi en même temps par trois grandes puissances européennes; celui d'obtenir des satisfactions pour leurs justes griefs.

L'entreprise impliquait des charges et des périls inévitables, eu égard à la situation géographique du Mexique et à l'insalubrité de son climat.

Partagé entre trois puissances, ce fardeau pouvait être allégé pour chacune d'elles; laissé à la France seule, il a triplé la part qui lui incombait.

Quoi qu'il en soit, il faut avouer que les opérations militaires, dirigées par une seule puissance, ont marché avec un ensemble que pouvait atteindre peut-être, mais non dépasser, l'action collective de la France, de l'Angleterre et de l'Espagne.

L'entreprise ayant parfaitement réussi, le fardeau pécuniaire accepté par la France seule, n'aura été qu'une avance temporaire ; car le Mexique est assez riche, et doit être assez juste aujourd'hui, pour payer les frais d'une guerre qui assure son indépendance et son autonomie.

Si les choses se passent ainsi, et tout porte à le croire, la France aura cependant une charge spéciale à supporter, celle des pertes douloureuses que le climat, plus encore que l'ennemi, a fait subir à son armée. En revanche, elle aura seule l'honneur d'avoir obtenu les satisfactions en vue desquelles ses alliés avaient pris les armes et expédié des flottes en Amérique.

Si la presse anglaise a pu justifier, pendant quelque temps, l'abstention du gouvernement de la Grande-Bretagne, sous le prétexte que la France avait l'intention d'imposer un nouveau gouvernement au Mexique, elle doit reconnaître aujourd'hui que l'intervention de la France a été ce que devait être l'action collective des trois puissances, et rien de plus, c'est-à-dire un moyen coercitif d'amener le gouvernement mexicain à donner satisfaction ou à se retirer.

Si le Mexique a été conduit à se donner un nouveau gouvernement, c'est par une conséquence directe de son affranchissement d'un pouvoir oppresseur, et non par le fait d'une pression française.

Toutes les objections soulevées contre l'expédition du Mexique par l'incertitude des événements, la rivalité, la défiance et la susceptibilité des parties intéressées, sont donc complétement détruites aujourd'hui.

L'Angleterre et l'Espagne ont pu se séparer de l'action commune ; mais elles ne peuvent nier le succès que la France a obtenu, au point de vue des intérêts qu'elle était autorisée à défendre, en vertu du traité de Londres et du droit public de tous les peuples.

L'Angleterre et l'Espagne pourraient encore manquer de reconnaissance pour le service rendu ; mais jamais elles ne réussiront à en effacer le souvenir sur les pages de l'histoire contemporaine.

A côté du motif connu, avoué, suffisant pour justifier l'expédition des trois puissances alliées, l'Europe entière n'avait-elle pas un motif plus important, plus décisif encore de l'approuver ?

Je ne sais si les puissances se sont rendu compte de celui que leur donnait la situation du Nouveau-Monde; je n'ai aucune raison de prétendre qu'il a inspiré en particulier le gouvernement français, dont je n'ai pas l'honneur d'être le confident; mais je n'hésite pas à dire que, dans tous les cas, ce motif mériterait l'approbation de tous les partisans de la civilisation moderne.

La question est délicate et doit être traitée avec tous les ménagements que mérite la susceptibilité américaine; mais il n'est plus temps de l'éluder; elle est mise à l'ordre du jour par la guerre d'extermination qui désole les États-Unis, et, à quelque drapeau que reste la victoire, il faudra la résoudre.

Depuis que les colonies anglaises de l'Amérique du Nord ont secoué le joug de la métropole et fondé un gouvernement indépendant, elles avaient eu une rare bonne fortune, celle d'être louées par tous les écrivains politiques, et louées au delà de ce qu'elles méritaient. Il était convenu, parmi les hommes d'*avenir*, de vanter l'esprit libéral des institutions américaines, de le présenter comme la source du développement prodigieux de la jeune République des États-Unis, comme le type du progrès et comme

le but vers lequel devait tendre la civilisation européenne.

On ne tenait aucun compte des facilités que la
richesse d'un sol vierge et sans limites, avait don-
nées à des hommes armés de toutes les ressources
d'une civilisation avancée.

La moralité de l'histoire de Robinson, réalisant
sans aucune ressource, sur une terre privilégiée,
de véritables prodiges, a échappé à la sagacité des
écrivains qui ont parlé de l'Amérique; ils ont attri-
bué à l'homme, ce qu'il fallait attribuer au sol; le
colon a été déifié aux dépens de la colonie qui lui
avait ouvert ses trésors accumulés depuis l'origine
du monde, et aux dépens de la mère-patrie, d'où il
avait apporté tous les moyens d'action qu'une civilisation avancée peut offrir.

Quant aux formes de gouvernement de la vieille
Europe, y compris celles de la vieille Angleterre, on
les classait parmi les institutions de rebut; on en
prédisait la chute inévitable, et, si l'on ne fixait pas
la date de ce cataclysme, c'était par un reste de
pitié pour leur grand âge.

Il ne fallait pas tant d'éloges accordés au Nouveau-
Monde, ni de critiques infligées à l'ancien, pour exal-
ter l'orgueil du peuple américain, sa confiance

illimitée dans sa puissance et son ambition de sou-
mettre le monde à ses idées.

La doctrine Monroë est née de cette ambition.
Effacer de la carte d'Amérique les royaumes qui
y subsistent encore, devait être la première étape
de cette doctrine. Passer l'Atlantique et porter jus-
qu'en Europe la domination américaine, c'était la
seconde.

Il y a quatre ans, grâce au prisme d'une perspec-
tive lointaine, le prestige de la civilisation américaine éblouissait plus d'un esprit sérieux, et l'en-
vahissement progressif des idées démagogiques du
Nouveau-Monde menaçait la civilisation, qui fait
notre juste orgueil.

C'est alors que, par un de ces revirements inat-
tendus qui viennent déjouer les prévisions des
hommes, on vit éclater au sein de la république-
modèle, un conflit sans précédents, sans nom et
sans but avouable.

La question de l'esclavage a pu être mise en
avant par les partisans des idées américaines, pour
donner un prétexte spécieux à ce déplorable conflit;
mais on n'a pas réussi à en déguiser la véritable
cause.

Je ne dirai pas avec lord Brougham que cette

guerre d'extermination est suscitée par le mépris
que l'Américain du Nord professe pour le reste du
genre humain, et alimentée par l'admiration qu'il
professe pour ses propres crimes, lorsqu'ils dépas-
sent les proportions vulgaires ; mais je crois pouvoir
dire que le désir de dominer le monde et de lui imposer la civilisation américaine à tout prix, est la
pensée qui inspire les États du Nord et qui arme le
bras infatigable de M. Lincoln.

Les vœux ardents que forment, pour le succès de
cette cause, les partis les plus avancés de la vieille
Europe, ne peuvent laisser aucun doute à cet égard.
Pour eux, le triomphe des unitaires, c'est le triomphe de la domination universelle que rêve l'Amérique du Nord ; le triomphe des séparatistes, au contraire, c'est l'affranchissement présent et à venir de
l'ancien monde.

Ami imprudent des démagogues, le président
Juárès s'est trop hâté de jeter le gant à l'Europe, il
n'a pas compris qu'il lui offrait ainsi l'occasion de
mettre le pied sur la terre qu'il voulait donner à la
république de Washington, et de combattre cette
annexion dans un moment où cette république, dé-
chirée par la guerre civile, ne pouvait accepter ce
legs onéreux.

En se réunissant à la France pour intervenir au Mexique, l'Angleterre et l'Espagne n'ont peut-être pas compris elles-mêmes qu'il s'agissait de défendre leurs intérêts politiques contre le développement de la doctrine Monroë, aussi bien que leurs intérêts commerciaux contre les exactions d'un gouvernement hostile aux Européens.

On serait autorisé à supposer cet aveuglement de la part de deux puissances qui avaient le plus à craindre de la doctrine Monroë, et qui ne sont pas même restées fidèles à l'intervention européenne. A moins qu'on ne suppose qu'elles aient compté sur le droit public pour garantir l'indépendance du Canada et de Saint-Domingue.

Il est, au contraire, permis de supposer que la France a été soutenue dans les périls de son entreprise par le sentiment d'un intérêt de politique générale. Quoi qu'il en soit, elle a rendu un service signalé à la civilisation, en osant seule défendre l'autonomie mexicaine contre l'invasion des démagogues, et en couvrant de son drapeau la manifestation des principes monarchiques, que professait la grande majorité du peuple mexicain.

On me permettra, sans doute, de constater ce titre nouveau que la France a conquis à l'estime et à

la reconnaissance du monde. Il était digne de ses
vieilles traditions de venir au secours de la civilisation partout où elle était menacée, et de protéger
les intérêts du monde en protégeant les siens.

L'Angleterre et l'Espagne ne doivent pas cependant renoncer à reprendre, dans le Nouveau-Monde,
la position qu'elles ont laissé échapper. La prolon-
gation des hostilités dans les États-Unis, la résistance
opiniâtre des États du Sud, peuvent motiver une
mesure qui, depuis longtemps, préoccupe les hommes d'État ; celle d'une reconnaissance des États
confédérés. L'adoption de cette mesure par les trois
puissances qui avaient signé le traité de Londres,
serait un coup décisif porté à la doctrine Monroë, et
un service rendu à l'autonomie de tous les peuples.

On a longtemps hésité à prendre cette mesure
dont la gravité est évidente ; et l'on peut approuver
cette hésitation ; mais c'est au point de vue du fait
seulement, car, en principe, la réserve des puissances européennes n'est pas motivée.

L'indépendance des États confédérés est une question d'autonomie aussi bien que l'indépendance de
la Pologne. La similitude est telle, qu'elle éclate
jusque dans les rapports du gouvernement russe
avec le gouvernement de M. Lincoln. Leur langage

est commun, leur cause est commune, leurs moyens, enfin, sont aussi communs que les circonstances le permettent.

L'Europe civilisée, l'Europe libérale qui croit à la justice de la cause polonaise, est fondée à croire à la justice de la cause des États confédérés.

Le gouvernement de Washington et celui de Varsovie portent des noms différents, mais le principe qui les dirige est le même; c'est l'indépendance des peuples qu'ils menacent dans le nouveau comme dans l'ancien monde, et l'oppression qu'ils veulent exercer au nom de la démagogie n'est pas plus légitime que celle qu'ils veulent exercer au nom du despotisme.

On aurait quelque droit de douter de la durée d'une alliance illogique entre deux gouvernements dont les principes fondamentaux sont si opposés; mais c'est ici le cas de dire que les extrêmes se touchent.

Il ne faut pas oublier que l'Empire moscovite et les États-Unis sont pour ainsi dire limitrophes, que leurs territoires embrassent une grande partie du globe, que ces deux colosses envelopperaient l'hémisphère septentrional dans leurs bras de géant, si l'Océan atlantique n'y mettait obstacle; et que l'un

et l'autre déciment la population de l'Ancien Monde
pour peupler leurs vastes solitudes de déserteurs ou
de proscrits.

Si les vaincus de Sébastopol ont songé à rega-
gner, avec l'appui des États d'Amérique, le prestige
et le terrain qu'ils ont perdus, l'Ancien et le Nouveau-Monde ne sauraient trop applaudir à la victoire de Puebla et aux conséquences qui doivent en
résulter pour l'intérêt et l'honneur de la civilisation.

Il y a des hommes d'État qui blâment le dévoue-
ment de la France à la cause de la civilisation chez
les autres peuples. Une politique moins chevaleres-
que et plus positive aurait-elle été plus profitable ?
On peut en juger par la situation de l'Empire, qui
est resté fidèle aux traditions de François Ier, com-
parée à celle de l'empire de Charles-Quint, dont
la politique a si souvent dédaigné les lois de l'honneur.

4 Novembre 1863.

FIN